만화로 보는 러시아 혁명 **붉게 타오른 1917**

1917: Russia's Red year
By Tim Sanders (artist) & John Newsinger (writer)
© Bookmarks Publications

Korean translation edition ⓒ 2017 by Chaekgalpi Publishing Co.
Bookmarks와 협약에 따라 이 책의 한국어 판권은 책갈피 출판사에 있습니다.

만화로 보는 러시아 혁명
붉게 타오른 1917

지은이 | 존 뉴싱어
그린이 | 팀 샌더스
옮긴이 | 김원일
펴낸곳 | 도서출판 책갈피

등록 | 1992년 2월 14일(제2014-000019호)
주소 | 서울 성동구 무학봉15길 12 2층
전화 | 02) 2265-6354
팩스 | 02) 2265-6395
이메일 | bookmarx@naver.com
홈페이지 | http://chaekgalpi.com

첫 번째 찍은 날 2017년 5월 15일

값 10,000원

ISBN 978-89-7966-123-1
잘못된 책은 바꿔 드립니다.

국립중앙도서관 출판예정도서목록(CIP)

붉게 타오른 1917 : 만화로 보는 러시아 혁명 / 지은이: 존
뉴싱어 ; 그린이: 팀 샌더스 ; 옮긴이: 김원일. -- 서울 :
책갈피, 2017
    p. ;   cm

원표제: 1917 : Russia's red year
원저자명: John Newsinger, Tim Sanders
영어 원작을 한국어로 번역
ISBN 978-89-7966-123-1 03920 : ₩10000

러시아 혁명[一革命]
영국 소설[英國小說]

843.6-KDC6
823.92-DDC23   CIP2017010098

만화로 보는 러시아 혁명 **붉게 타오른 1917**

존 뉴싱어 글
팀 샌더스 그림

김원일 옮김

존 뉴싱어 John Newsinger
마르크스주의 역사학자이고 바스스파대학교 교수다. 영국 사회주의노동자당의 오랜 당원이기도 하다.
Them and Us: Fighting the Class war 1910-1939(2015), British Counterinsurgency: From Palestine to Afghanistan(2015), The Blood Never Dried: A People's History of the British Empire(2006), The Dredd Phenomenon: Comics and Contemporary Society(1999) 등 많은 책을 썼다.

팀 샌더스 Tim Sanders
좌파 만화가이자 삽화가다. <인디펜던트>, <가디언>, <소셜리스트 워커> 등 다양한 매체에 작품을 기고했다. In the Heat of the Scribble(1995), An Independent Line(2008, 공저)을 그렸다.

감사의 말
우리의 초보적 구상이 책으로 나오기까지 열과 성을 다해 도와준 샐리 캠벨에게 감사한다. 또 1917년 혁명에 대한 풍부한 지식을 바탕으로 많은 도움을 준 데이브 셰리와 로저 허들, 이 책의 출판을 도와준 캐럴 윌리엄스와 리나 니컬리에게도 감사의 뜻을 전한다.

옮긴이 김원일
미국 라시에라대학교 종교학 교수이고 노동자연대 회원이다.

추천의 글

이것은 민중이 억압자들에 맞서 승리한 사건을 기념하는 보석 같은 책이다. 흥미진진하고 유익하고 감동적이고 재미있고 아름답게 그린, 우리 시대에도 매우 유의미하며 진실을 말하는 작품이다.
좋아하는 장면이 아주 많지만 기억에 오래 남는 장면은, 러시아 차르처럼 왕권을 빼앗길까 봐 잔뜩 겁을 먹은 영국 왕실의 모습이다. "화가 난 평민을 달래기 위해 뭐라도 해야 합니다. '대영제국 훈장'을 만들어 평민에게 나눠 준다면 비용을 들이지 않고 왕실이 인기를 얻을 것입니다"라는 신하의 제안에 "내 체면을 깎아내리는 짓 아닌가! 평민에게 훈장이라니!" 하고 영국 국왕이 한탄한다.
제1차세계대전 발발 100년 되던 해(2014년)에 그 전쟁을 제대로 비판하는 책이나 영화, 다큐멘터리가 거의 없는 것을 보고 놀랐다. 전쟁에 반대하는 몇 안 되는 영화들조차 비웃음을 샀고 방영되지 않았다. 이 모든 것이 의도적일 거라는 의심을 떨칠 수 없었다. 요즘 판매되는 제1차세계대전에 관한 책들은 대부분 걱정스러울 정도로 호전적이다. 내가 전쟁에 반대하는 만화 《찰리의 전쟁》을 준비하던 1980년대보다 훨씬 더하다. 반전 서적들은 이제 거의 절판됐다. 이는 역사의 시계를 뒤로 돌려놓은 거 아니겠는가.
내가 몇 번이고 목격한 이런 상황은 너무나 보편적인 현상이라서 출판사, 방송인, 저널리스트가 자신들의 주인을 보호하려고 무의식적이고 본능적으로 자체 검열한 거라고 볼 수는 없다. 제1차세계대전을 어떻게 묘사할지에 대해 미디어 수뇌부가 구체적 지침을 받은 결과라고 나는 확신한다. '대영제국 훈장'을 받으려면 당연히 그런 지침을 따라야 한다. 그래서 자본주의가 낳은 대학살을 마치 악랄한 독일의 '팽창주의'를 막기 위해 영국이 치를 수밖에 없었던 '숭고한 희생'인 양 묘사한 것이다. 그러나 이건 전혀 사실과 다르다. 저명한 사회주의자 E D 모렐이 당시에 분명하게 밝혔듯이 영국은 '마키아벨리적' 권모술수로 제1차세계대전을 기획했다. '마키아벨리적'이라는 그의 문구는 이제 '블레어적'이라는 말로 바꿔서 사용해야 할 것이다. 100년 전과 똑같은 수법으로 토니 블레어가 영국을 이라크전에 끌어들였기 때문이다.
이 책이 밝혀낸 또 하나의 잊힌 사실이 있다. 당시 러시아와 독일의 병사들이 서로 우정을 나누며 진정한 적은 자신들을 사지로 내몬 악랄한 자본가들임을 깨달았다는 것이다. 병사들은 철저히 속았고, 지배자들은 노동자들이 몰살하더라도 전쟁을 포기하지 않을 터였다. 평범한 민중 속에서 싹튼 이런 자각과 연대의 모습은 이 책의 명장면이다.
《붉게 타오른 1917》은 출판 시장의 보이지 않는 검열을 뚫은 흔치 않은 책이고, 제1차세계대전이라는 가장 중요한 사건을 진실 그대로 알려 주는 책이다. 민중이 승리했던 짧지만 아주 소중한 시절의 이야기를 들어 보시라.

팻 밀스*
2016년 9월

팻 밀스 '영국 만화계의 대부'라 불리는 작가이자 편집자다. 영국 유명 만화 잡지 《2000 AD》의 창간인이고, 영화와 비디오 게임으로도 많이 각색된 만화 《저지 드레드》의 기획자 중 한 명이다. 제1차세계대전을 배경으로 전쟁을 반대하는 내용의 만화 《찰리의 전쟁》의 저자로도 유명하다.

머리말

제1차세계대전은 전대미문의 학살과 고통을 불러왔다. 제국들이 서로의 영토와 이윤을 차지하려 아귀다툼을 벌이는 가운데 수백만 명이 죽거나 심하게 다쳤다. 어느 나라에서건 군수 자본가들은 나날이 부유해졌지만 평범한 사람들은 전쟁을 위해 끝없이 희생해야 했다. 각국의 노동계급은 자국 지배계급보다는 다른 나라 노동계급과 공통점이 더 많았지만 착취자들의 이익을 위해 서로 총부리를 겨눠야 했다. 각국의 노동당과 사회주의 정당도 대부분 이런 광기에 편승했다.

예를 들어, 1915년 5월 영국 노동당 정치인들은 전시 연립정부에 들어가 학살극에 가담했고 영국 자본의 이익을 위해 노동계급 청년들을 사지로 내몰았다. 러시아의 볼셰비키는 전쟁에 반대한 몇 안 되는 사회주의 정당이었다.

전쟁이 길어지자 모든 곳에서 불만이 자라났다. 후방에서는 평범한 사람들의 고통스러운 일상과 부유층의 호화로운 삶이 극명한 대조를 이루면서 사람들의 분노에 불을 지폈다. 전방의 병사들은 정치인들과 장성들이 승리를 위해서라면 병사들 목숨쯤은 얼마든지 희생할 수 있음을 깨달았다.

영국·프랑스·러시아 정부는 이미 승전 후 전리품을 어떻게 배분할지를 비밀리에 합의했다. "자유"와 "민주주의" 수호를 위한 희생이라는 지배자들의 주장과 달리 병사들은 이윤과 영토 확장을 위해 희생됐다. 아직도 많은 역사학자들이 이 점을 부정하지만, 병사들은 지배자들의 소름 끼치는 이윤 논리 때문에 희생된 것이었다. 그러나 각국 사회는 전쟁의 무게를 견디지 못했다.

여러 나라에서 잇따라 파업과 시위가 벌어졌다. 처음에는 전쟁 그 자체보다는 노동계급이 일방적으로 그 비용을 부담한다는 사실이 분노의 대상이었다. 그러나 머지않아 기존 질서가 유지될 수 없을 정도로 불만이 커졌고, 결국 제정러시아에서 최초의 돌파구가 열렸다. 1917년 세계 여성의 날, 페트로그라드에서는 대규모 시위가 벌어졌는데, 이날 시위대 해산 임무를 맡은 군부대가 시위대 편으로 넘어왔다. 로마노프왕조는 몰락했다. 총검과 비밀경찰에 의존하고, 대중의 지지를 끌어모으기 위해 할 수 있는 일이 고작 종교적 미신과 반유대주의를 부추기는 게 다였던 독재 체제가 붕괴한 것이다. 차르 정부를 대체한 임시정부는 전쟁을 지속하길 원했지만 2월 혁명 과정에서 등장한 노동자·병사 평의회, 즉 소비에트와 권력을 공유해야 했다. 노동자·병사 평의회가 설립되면서 노동계급은 러시아를 사회주의로 이행하기 위한 기구를 마련한 셈이었다.

차르 체제가 전복되자 차르와 사촌 간인 영국 국왕과 독일 황제는 매우 불안해했다. 영국은 왕가 이름을 색스코버그고사에서 윈저로 개칭할* 수밖에 없었고 심사숙고한 후 마지못해 평민에게도 훈장을 수여하기로 결정했다. '대영제국 훈장'은 러시아 혁명을 보고 공포에 질린 영국 왕실이 차르처럼 쫓겨나지 않으려고 도입한 것임을 잊지 말아야 한다.

2월 혁명은 차르를 몰아냈지만 전쟁을 끝내지는 못했다. 2월 혁명의 배경인 가난과 고난은 사라지지 않았기 때문에 임시정부의 운명은 정해져 있었다. 남은 문제는 어떤 세력이 임시정부를 전복할 것인지였다. 즉, 군부가 쿠데타를 일으켜 군부독재를 수립하거나 노동계급이 사회주의 혁명으로 나아가거나 둘 중 하나였다.

군부 쿠데타가 성공했다면 러시아 노동계급은 (당시 온갖 차별과 억압에 시달리던 유대인과 함께) 끔찍한 학살을 당했을 것이다. 다행히 그런 일은 벌어지지 않았다. 소비에트는 볼셰비키의 지도를 받으며 10월 혁명을 일으켰고 노동계급은 권력을 잡았다.

러시아의 경험은 노동계급이 정부 참여나 의회를 통해서가 아니라 노동자·병사 평의회를 통해서 경제·정치·사회 영역을 통제하고 운영해 스스로 해방될 수 있음을 보여 줬다. 러시아의 노동계급은 자력 해방의 길에 들어서고 있었다.

1917년 10월 혁명은 전 세계에 엄청난 영향을 미쳤다. 착취당하고 억압받는 사람들은 자신감을 얻었다. 볼셰비키 혁명은 전쟁으로 참혹해진 세상에 희망을 불어넣었다. 세계 도처에서 남녀 노동자들은 더 나은 미래가 가능하다는 것을 보여 준 러시아 혁명을 지지하며 시위를 벌였다. 볼셰비키는 러시아 혁명의 성공이 혁명의 국제적 확산, 즉 독일·오스트리아·헝가리와 서유럽 혁명의 결과에 달려 있음을 이해했다. 그러나 국제 혁명은 패배했고 그것이 러시아와 전 세계에 미친 영향은 끔찍했다. 얇은 책에서 이 주제까지 다루기는 무리일 것이다.

《붉게 타오른 1917》은 1917년 러시아에서 일어난 두 차례 혁명을 아래로부터의 관점에서, 즉 혁명에 참여한 일반 대중의 관점에서 쓴 만화다. 나탈리야는 공장 노동자이고 표트르는 병사다. 두 주인공을 통해 혁명 당시 페트로그라드 노동계급이 어떻게 자신의 삶을 통제하게 됐는지, 어떤 과정을 거쳐 10월 혁명으로 나아가게 됐는지를 볼 수 있다.

러시아 혁명의 교훈, 즉 노동계급은 자력으로 해방할 수 있다는 것을 언제나 기억해야 한다.

---

* 영국 왕가의 이름은 독일계 '색스코버그고사'였는데, 제1차세계대전이 터지자 대중이 영국 왕실과 독일 황실의 관계에 의구심을 품을까 봐 1917년 영국식 이름인 '윈저'로 개칭했다.

1917년 페트로그라드

2월

제1차세계대전은 수백만 명의 사상자를 내면서 2년 반 동안 지속되고 있었지만
끝날 기미가 전혀 보이지 않았다.
냉혹하고 무능하기 짝이 없는 차르 정부와 장군들의 처사는 계속해서 재앙을 낳았다.
러시아 내부의 상황도 참혹하기는 마찬가지였다.
노동강도는 갈수록 세졌지만 실질임금은 더 떨어졌다.
노동자들은 굶주림과 추위를 견뎌야 했고 과로와 질병에 시달렸다.
매우 비좁은 집에 살거나 그마저도 힘들면 노숙해야 했다.
불만이 커졌다. 병사들과 노동자들의 인내는 한계에 도달했다.
바야흐로 거대한 변화가 다가오고 있었다. …

2년 이상 지속된 전쟁으로 제정러시아는 고비를 맞았다. 군인과 민간인이 200만 명이나 죽었는데도 차르 니콜라이는 더 많은 희생을 요구했다. 도시의 노동자들은 추위와 굶주림에 시달렸지만 부자들은 전쟁이 낳은 이윤 덕분에 더 부유해졌다. 병사들과 수병들의 불만이 날로 높아졌다. 페트로그라드 전역의 공장과 작업장에서는 2월 23일 세계 여성의 날에 맞춰 전쟁에 반대하는 파업과 시위를 벌일지 결정하기 위한 집회가 열렸다.

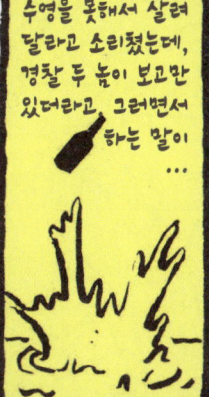

소비에트 회의

2월 27일, 페트로그라드 노동자·병사 평의회(소비에트)는 대표자를 선출해 파견해 달라고 요청했다. 노동자는 공장마다 1명씩 뽑되 1000명 이상의 공장에서는 여러 명을 선출하고, 병사는 중대마다 1명을 선출했다. 선거는 28일에 치러졌다. 팔토 공장에는 후보가 한 명뿐이었다.

찬성이오!

만세!

찬성!

릴리야를 우리 공장 대표로 추천합니다.

찬성하면 손 드세요.

찬성합니다!!

대찬성!

28일 오후. 선출된 노동자·병사 대표자들이 타브리체스키 궁전에 모였다.

혁명이 전진하면서 러시아 곳곳에서 소비에트가 등장했다.

3월

노동자와 병사가 거리를 장악하자
지배계급은 이 폭풍을 어떻게 헤쳐 나갈지 고민했다.
소비에트(위 사진)가 건설됐다.
노동자와 농민은 자신의 이익에 맞게
사회구조를 재편했다.
온갖 학살이 자행되고 궁핍과 고통을 안겨 준
제1차세계대전을 이제 끝내라는 요구가 강해졌다.

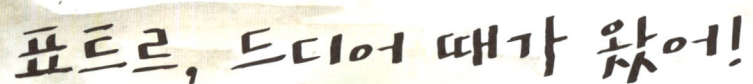

표트르, 드디어 때가 왔어!

1905년 혁명 때 차르 군대는 내 형제 두 명을 이 나무에 매달아 처형했습니다. 탄압 때문에 우리의 동지와 친구, 가족이 목숨을 잃었습니다. 그러나 이제는 군대도 우리 편입니다. 저 악질 지주들을 구하러 올 사람은 없습니다.

만세!

옳거니!

이제 귀족들을 완전히, 영원히 없애야 할 시간이 왔습니다!

우리는 지주의 저택으로 몰려갔는데, 거기서 우리를 훈계하는 신부를 만났어.

지주의 집으로 갑시다!

그만두시오. 신의 명령이오! 당신들의 이런 행동은 신의 뜻을 거스르는 것이오. 신이 귀족에게 더 높은 지위를 부여한 것은 우리를 위한 것이오. 집으로 돌아가 신에게 용서를 비시오!

우리는 당신의 배신을 똑똑히 기억합니다. 다시 올 테니 그 전에 떠나십시오!

우리는 지주의 장부를 모두 태우고 저택에도 불을 질렀어.

토지분배위원회가 선출됐다.

끔찍한 독재 체제가 마침내 전복됐어.

4월

망명 중이던 볼셰비키 지도자 레닌이 돌아왔다.
부유층의 거센 항의에 아랑곳하지 않고
노동자들은 자신의 권리를 끈질기게 요구했다.
노동자들을 해방할 수 있는 건 그들 자신뿐이다.
러시아를 방문한 영국 노동당 지도자 윌 손은 본색을 드러냈다.
러시아 지배계급은 전쟁을 중단할 생각이 조금도 없었다.

거대한 시위가 도시를 뒤덮었고 무장한 노동자와 병사도 참여했다.

전쟁 장관 알렉산드르 구치코프는 다른 각료들과 대책 회의를 했는데, 그곳엔 코르닐로프 장군도 있었다.

장군, 시위 진압에 동원할 수 있는 믿을 만한 군대가 얼마나 됩니까?

수비대는 거의 다 소비에트 편입니다…

믿을 만한 병력은 다 합쳐도 고작 3000명입니다.

임시정부 총리 리보프 공이 결정을 내렸다.

어쩔 수 없군요. 밀류코프를 경질하고, 온건한 사회주의자들을 끌어들입시다. 무슨 수를 써서라도 볼셰비키를 고립시켜야 합니다.

5월

볼셰비키 혁명가들이 노동자들과 병사들이 전쟁에 반대하며 거리에 나섰다. 당시 러시아를 방문한 영국 노동당 지도자 아서 헨더슨 역시 본색을 드러냈다. 볼셰비키 혁명가들이 선두에 섰고, 독일 병사들에게 혁명에 동참하라고 호소했다. 여성 노동자들은 자신의 권리를 요구했다.

진실을 요구하라!

전쟁의 북소리가 도처에 울려 퍼진다
검을 들어 산 자를 죽이라고 외친다
나라마다
노예들이 잇따라
총검에 죽어간다
무엇을 위한 것인가?
온 세상이 산산조각 난다
사람들은 굶주리고
헐벗는다
인류는 피바다 속으로 사라진다
그저
정체 모를
누군가가
알바니아를 집어삼키는 것을 돕기 위해
악의에 가득 찬 인간 망종은
끊임없이 무기를 휘둘러 세상을 파괴한다
단지
누군가의 선박이
통행료를 내지 않고
보스포루스해협을 지나가도록
머지않아
세상에는
갈비뼈가 온전한 사람이 없을 것이다
그리고 영혼마저 파괴되고 짓밟힐 것이다
메소포타미아를 손에 넣으려는
그 누군가를 위해서
도대체 왜
이 세상이 갈가리 찢겨야 하는가?
전쟁터 너머 저곳에 무엇이 있기에
자유?
신?
바로 돈이다!
언제까지 움츠리고 있을 것인가?
당신은
저들을 위해 목숨을 바칠 셈인가?
저들의 낯짝에 언제 물을 것인가?
우리가 왜 싸우느냐고

6월

블라디미르 마야콥스키 (1917)

사람들이 빽빽하게 들어찬 강당.
블라디미르 마야콥스키가 자신의 시 <진실을 요구하라!>를 낭독한다.

전쟁의 북소리가 도처에 울려 퍼진다
검을 들어 산 자를 죽이라고 외친다
나라마다
노예들이 잇따라
총검에 죽어간다

머지않아
세상에는
갈비뼈가 온전한 사람이 없을 것이다
그리고 영혼마저 파괴되고 짓밟힐 것이다
메소포타미아를 손에 넣으려는
그 누군가를 위해서

도대체 왜
이 세상이 갈가리 찢겨야 하는가?
전쟁터 너머 저곳에 무엇이 있기에

자유?
신?
바로 돈이다!
언제까지 움츠리고 있을 것인가?
당신은
저들을 위해 목숨을 바칠 셈인가?
저들의 낯짝에 언제 물을 것인가?
우리가 왜 싸우느냐고

7월

임시정부를 타도하자는 요구가 갈수록 커졌다.
볼셰비키는 아직 때가 아니라고 판단했다.
7월 봉기는 실패했다.
볼셰비키 지도자들은 체포되거나 피신했다.

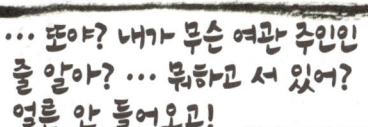

코르닐로프 장군

8월

부자들과 지배자들은 가진 것을 결코 순순히 포기하지 않았다.
지배계급은 공격에 나서기로 결정했다.
혁명을 파괴하기 위해 쿠데타가 일어났다.
노동자들과 병사들은 바리케이드를 치며 저항했다.
볼셰비키가 상황을 주도했다.

동지들, 우리가 단호하고 규율 있게 싸운다면 코르닐로프는 패배할 것입니다.

표트르도 저쪽 병사들을 설득하러 갔겠지?

응. 전투가 벌어질 거라고 생각하진 않더라고. 일반 병사들은 속고 있는 걸 테니까···

어쨌든 우리는 철저히 대비해야 해!

9월

임시정부를 전복하자는 요구가 커졌다.
공장폐쇄로 상황은 악화됐고
점점 더 많은 사람들이 굶주리고 살 곳을 잃었다.
드디어 때가 왔다.
모든 권력을 소비에트로!

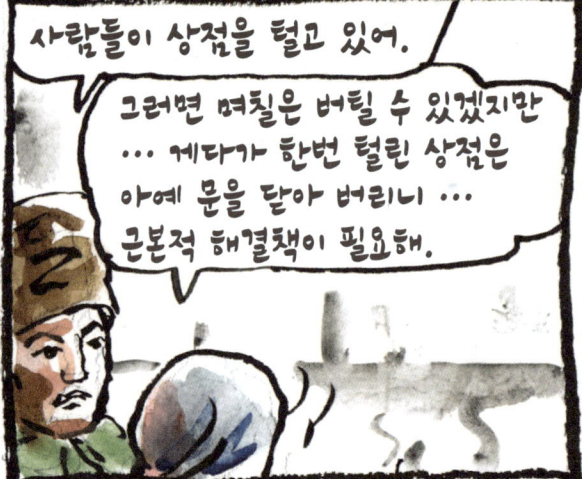

엥겔스는 민주공화국에서 "부는 자신의 힘을 간접적으로, 그러나 한층 더 확실히 행사한다"고 썼다. 첫째, "관리들을 직접 매수"하는 방식으로(미국)

둘째, "정부와 증권거래소가 동맹"하는 방식으로(프랑스와 미국).

오늘날 제국주의와 은행의 지배는 모든 민주공화국에서 부의 전능함을 유지하고 실현하는 이 두 가지 방법을 특별한 기술의 경지로까지 발전시켰다. … 민주공화국은 자본주의가 취할 수 있는 최선의 정치적 형태다.

모든 공직자가 예외 없이 선출되고, 어느 때나 소환될 수 있고, 그들의 보수를 노동자 임금 수준으로 낮춰야 한다. 이런 단순하고 자명한 민주적 조처는 자본주의에서 사회주의로 이행하는 가교 구실을 한다.

이런 과정을 거치며 혁명은 자신의 모든 파괴력을 집중해 국가권력에 맞서고 … 국가기구를 개선하는 것이 아니라 그것을 분쇄하는 것을 목표로 삼는다.

《국가와 혁명》을 쓰고 있는 레닌.

음 … 현실의 혁명이 결론을 내려 주겠지.

이제 권력을 잡아야 합니다. 우리는 페트로그라드를 비롯해 전국 곳곳에서 다수파가 됐습니다. 전국의 소비에트들이 잇따라 임시정부 타도를 요구하고 있습니다. 망설일 이유가 없습니다!

동지, 이걸 중앙위원회에 전달해 주시면 좋겠소.

10월 혁명!

더 읽을거리

《러시아 혁명사》, 레온 트로츠키 지음, 최규진 옮김, 풀무질

1917년 러시아 혁명의 걸출한 지도자 레온 트로츠키가 손수 쓴 생생한 증언서. 러시아 노동계급이 자신의 운명을 결정하기 위해 어떻게 싸웠는지 보여 주는 최상의 저작이다. 당시 러시아 노동자들의 전통을 잇고자 하는 사람들에게 귀중한 무기가 될 것이다.

《세계를 뒤흔든 열흘》, 존 리드 지음, 서찬석 옮김, 책갈피

《붉게 타오른 1917》에도 등장하는 미국인 기자 존 리드가 쓴 르포다. 역사학자 A J P 테일러가 말했듯이, 이 책은 "혁명을 기록한 모든 책들 중 단연 최고"다. 존 리드는 1917년 페트로그라드와 그 주변 도시들, 혁명의 두 번째 격전지였던 모스크바까지 곳곳을 누비며 혁명 러시아를 생생하게 기록했다.

《러시아 혁명의 진실》, 빅토르 세르주 지음, 황동하 옮김, 책갈피

1917년 10월 이후의 이야기다. 수많은 증언, 포고령, 보고서, 저서, 논문, 회의록 등 다양한 사료를 이용해 봉기가 일어난 1917년 11월부터 1918년 11월까지 러시아 혁명을 둘러싼 모든 사건을 입체적으로 다룬 대작이다.

《노동계급이 권력을 잡다》(근간), 알렉산더 라비노비치 지음, 류한수 옮김, 책갈피

1917년 7월에서 10월까지 120일간의 혁명 과정을 세밀하고 충실하게 기록했다. 대중의 요구를 유연하고 민감하게 포착한 볼셰비키의 현실적 안목, 토론과 논쟁이 거침없이 이뤄진 볼셰비키의 민주적 성격이 혁명이 승리하는 데 중요한 구실을 했음을 실증적으로 보여 준다.

《러시아 혁명과 레닌의 사상》(근간), 최일붕 지음, 책갈피

혁명 과정을 순차적으로 설명하면서, 러시아 혁명에 대한 오해와 왜곡을 날카로운 분석으로 조목조목 반박한다. 특히 러시아 혁명을 국제주의 시각으로 다루는 것이 이 책의 장점이다. 그리고 러시아 혁명의 지도자 레닌의 생애와 그의 핵심 사상을 간결하게 정리하고, 스탈린 치하의 러시아가 왜 사회주의가 아니라 국가자본주의 사회인지를 설명한다.